三國志

이희재 삼국지

2 저마다 천하를 품다

Humanist

작가의 말

　《삼국지》에는 숱한 이야기의 물줄기가 흘러갑니다. 잔잔한 수면 위에 파동이 일기도 하고, 장대비가 내리치며 홍수가 이는가 하면, 거센 파도가 밀려와 평온한 마을을 덮치기도 합니다. 사람과 사람, 세력과 세력이 맞물리고 부딪치며 대륙을 질러가고, 산과 들을 굽이돌아 흐르며 천지를 뒤흔듭니다. 1800여 년 전, 고대 중국에서 구름처럼 일었던 인물들의 이야기입니다.

　천지가 요동쳐도 흔들림이 없는 관우, 감정에 충실한 용맹의 사나이 장비, 인의의 뜻을 따르며 어질기 그지없는 유비, 이상을 품고 초막에 누워 있다 유비를 따라나선 풍운의 지략가 제갈공명, 사람을 버리고 얻는 데 실리를 좇으며 천하 제패에 다가서는 조조, 무도한 행동으로 배신의 대명사가 된 여포, 그 밖에도 손권·주유·원소·공손찬·조자룡·태사자·방통·황충·마초·강유·사마의 등등…. 실로 수백수천의 영웅호걸들이 활개를 칩니다. 어떤 이는 힘과 용기로, 또 어떤 이는 머리와 꾀로 밀고 당기고, 치고 빠지며 천하를 종횡합니다.

어렵고 긴 내용을 경쾌하게 만날 수 있다는 것이 만화의 장점입니다. 한 권에 수백 쪽이 넘는 활자책을 이백여 쪽의 시각 조형으로 구성하는 일은 제한된 지면의 절대 공간과 싸우는 일이었습니다. 《삼국지》를 만화로 만드는 과정은 원작의 큰 줄기를 살리고 곁가지들을 솎아 내는 일이기도 하였습니다. 나관중 원작에서 벗어난 부분을 살피고, 중국 민중들 사이에서 입으로 전해지는 에피소드를 일부 보탰습니다.

흔히 《삼국지》를 세상살이를 읽는 책이라고 합니다. 세상을 살아가며 사람 사이의 관계를 헤아리고 자신을 돌아보며 성찰을 이끌어 내는 내용이기 때문일 것입니다. 한 번쯤 읽어야 할 고전이며 한 번쯤 걸어야 할 길이라는 의미이기도 합니다. 《이희재 삼국지》는 아이와 부모가 함께 읽을 수 있는 책으로, 부모들이 먼저 읽고 자녀들에게 권하는 만화입니다. 《삼국지》의 무대 속으로 들어가 시간 여행을 하기 바랍니다.

2016년 7월

이희재

등장인물

유비·관우·장비
도원결의를 통해 의형제가 된 세 사람은 힘과 뜻을 합쳐 황건난에서 활약한다.

헌제
어린 나이에 등극하지만 동탁의 힘에 눌려 이름뿐인 자리에 머물고 만다.

왕윤
한나라의 충신이다. 동탁을 제거하기 위해 힘을 쏟는다.

동탁
후한의 승상으로 제후 연합군의 공격을 받는다.

여포
무력으로는 당할 자가 없는 당대 최고의 무장이나 세상을 보는 지혜가 없다.

원소
원소는 여러 사람의 추천으로 연합군 맹주 자리에 오른다.

조조
반동탁 세력의 결집을 주장할 만큼 과감한 결단력의 소유자.

손견
동오의 맹장으로 반동탁 연합군의 장수다.

조자룡
상산 사람으로 용모가 뛰어나며 사려 깊고 신중하다.

초선
왕윤이 딸처럼 키운 가기로 뛰어난 미모와 재기를 지녔다.

차례

작가의 말　　4
등장인물　　6

제1장　　낙양으로 가자　　　　　　　　　　　　11

제2장　　더운 술이 식기 전에 적장을 베다　　　　25

제3장　　옥새를 얻은 뒤 칼부림 일고　　　　　　53

제4장　　강동의 별이 지다　　　　　　　　　　　81

제5장　　미인의 혀는 칼이 되고　　　　　　　　　97

제6장　　범을 잡으니 이리 떼가　　　　　　　　117

제7장　　무도한 자, 그 빚을 돌려받네　　　　　139

| 제8장 | **조조는 산동을, 유비는 서주를** | 159 |
| 제9장 | **맹수를 우리 안으로 끌어들이다** | 189 |

■ 연표　　206

■ **일러두기**
- 이 책에서 말하는 《삼국지》는 진수가 쓴 정사 《삼국지》가 아니라 나관중이 지은 소설 《삼국지연의》를 뜻합니다.
- 《삼국지》에는 유비·조조처럼 성과 이름으로 부르는 경우와, 현덕(유비)·맹덕(조조)처럼 자로 부르는 경우가 혼용되어 있습니다. 상대방을 이름으로 부르는 것은 자신보다 지위가 낮거나 어린 사람인 경우, 또는 싸움에서 상대를 무시할 때 등이고 보통은 이름 대신 자를 부르는 것이 관례입니다. 이 책에서는 공명(제갈량)이나 자룡(조운)처럼 자가 널리 알려진 몇몇 인물만 성과 자를 썼고, 그 외 인물 대부분은 혼란을 줄이기 위해 성과 이름으로 표기했습니다.
- 지명은 〈외래어 표기법〉 대신 소설에서 널리 쓰인 관용 표기를 따랐습니다. 예를 들어 洛陽을 뤄양이라 하지 않고 낙양처럼 우리 한자음 읽기를 하였습니다.
- 이 책에 실린 연표는 《삼국지》의 이해를 돕기 것으로 실제 역사와는 차이가 있습니다.

제1장

三國志

낙양으로 가자

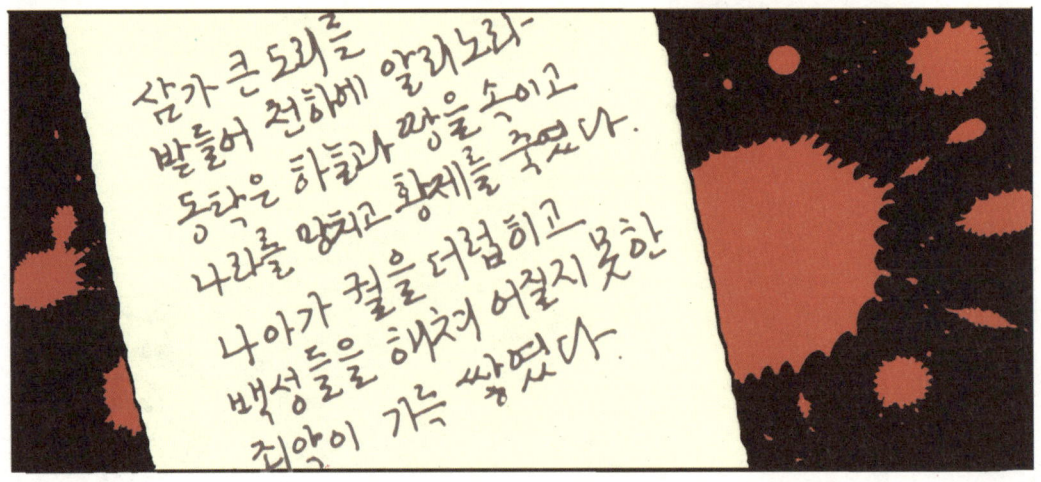

갑작스럽게 모인 반동탁 연합군은 제후들의 저마다 다른 야심으로 결속에 틈이 생기고 있었다.

제2장

三國志

― 더운 술이 식기 전에 **적장**을 베다

이대로는 안 되겠소. 여포란 자가 이렇게 막강하다니….
호뢰관을 공격하기는커녕 여포에게 모두 죽을 판이니….
여포 때문에 곤란을 겪고 계시다고요?
오, 조 장군!
제후들 모두가 힘을 합쳐 싸워도 여포를 당할 수가 없소.
여포가 다시 이쪽으로 공격해 오고 있습니다.
발등에 불이로군!
방법이 없소. 일단 8로의 군사가 한꺼번에 죽기 살기로 싸우는 수밖에.
나와라, 내 방천화극의 젯밥이 되어 지옥으로 갈 자는 누구냐?
와
와
와
와
와와
와와아
와와아

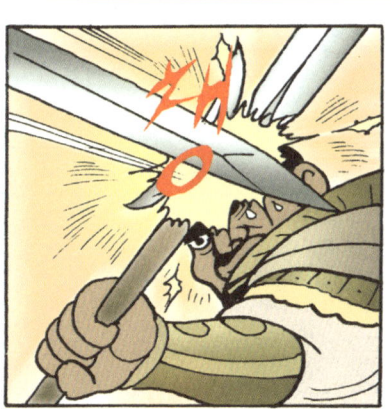

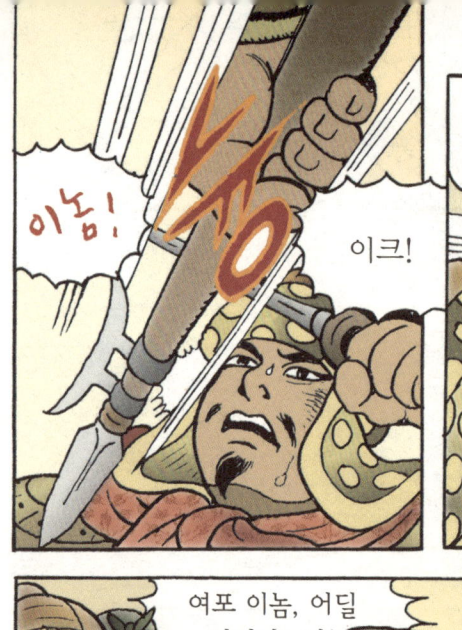

제3장

三國志

— 옥새를 얻은 뒤 **칼부림** 일고

적지는 벗어났다. 잠시 병사들의 밥을 챙기며 쉬도록 하자.

불을 지펴라. 푸푸— 배고파.

적이다!

동탁의 부하, 서영의 군사들입니다. 여기서 매복을 하고 있었던 모양입니다.

어떻게 여기까지….

이곳을 벗어나라!

꾸윽!

으으으~~

서둘러 뒤로 빼는 것을 보니, 옥새를 가지고 있는 게 분명하다!
형주 자사 유표에게 연락해 손견을 막아 보물을 되찾으라 일러라!
손견 따위가 감히 옥새를 품다니…. 용서가 될 수 없지!
유표는 곧바로 군사를 동원해 손견을 가로막았다.
손견아, 네가 한나라의 신하이면서 어찌 옥새를 탐내 감추었느냐?
그대는 무엇 때문에 나의 길을 막는가?
어찌 원소의 글만 믿고 내게 이럴 수가 있소?
나는 옥새를 모르오.
곱게 옥새를 내놓으면 강동으로 돌아가게 해 주마!
기어이 길을 막는다면 목을 베고 지나갈 것이다.

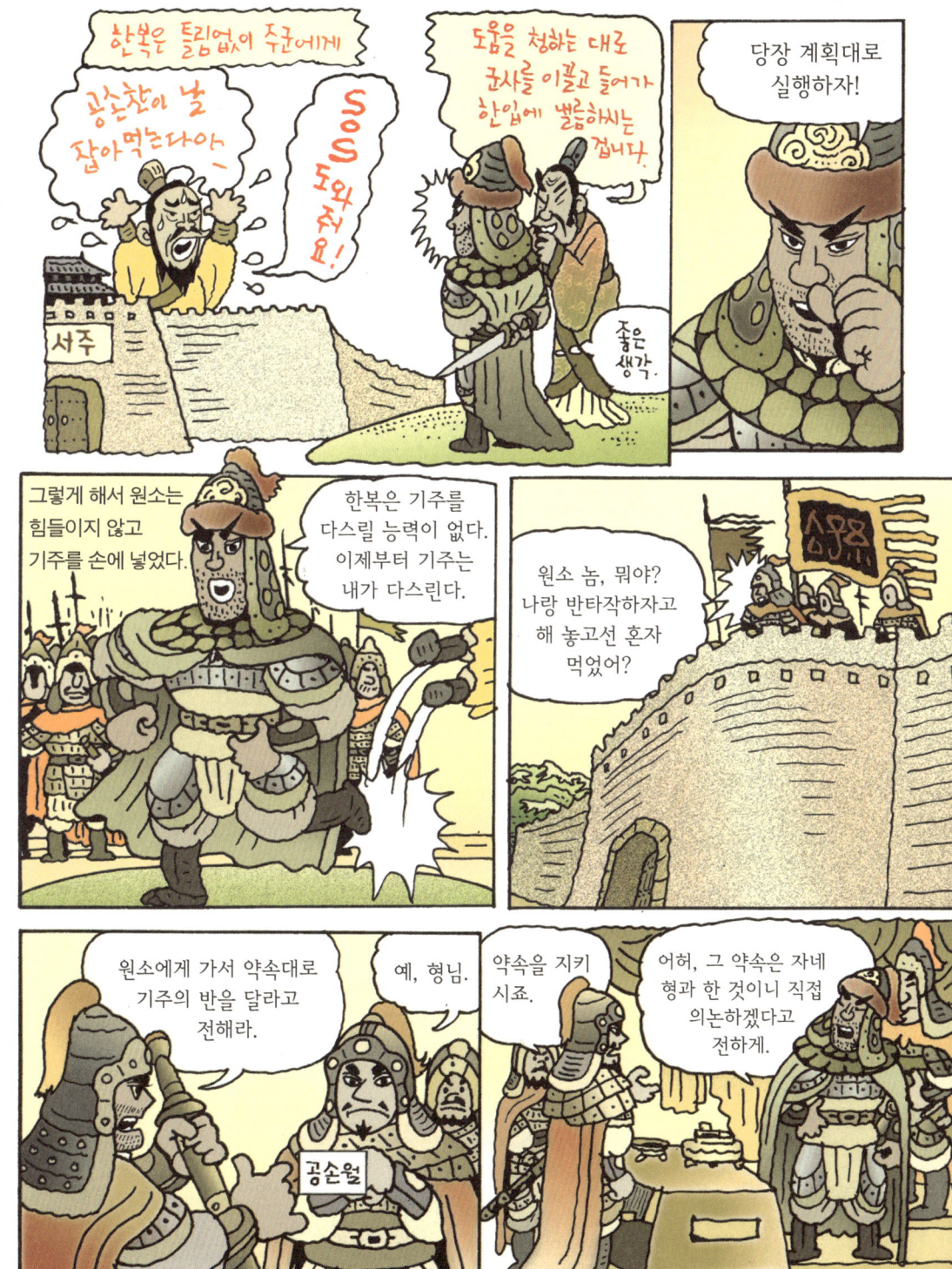

유비의 참전은 공손찬에게 진 빚을 갚는 일전이었다.

자네가 아니었다면 난 죽은 목숨이었네.

은혜를 갚고자 달려왔을 뿐입니다.

인사를 나누시게. 이 젊은이는 앞 전투에서 내가 사지에 처한 걸 구해 주었네.

제4장

三國志

강동의 별이 지다

제5장

三國志

미인의 혀는 칼이 되고

초선아…, 이제 모든 것은 네 손에 달려 있다.

왕 사도, 사람을 놀려도 분수가 있지 어떻게 이럴 수가 있소?

아니, 여포 장군 아니오?

초선이를 내게 주기로 해 놓고선 승상께 보내다니! 이게 무슨 경우요?

아아, 그건 오해요.

실은 승상께서 장군과 초선이의 혼인 소식을 알고 찾아오셨소.

초선이를 보더니 그 아이를 직접 여포 장군과 짝지어 주겠다며 데려가신 거요.

!

제가 어리석어 잠시 착각을 했습니다. 미안하게 됐수다!

제5장 미인의 혀는 칼이 되고

제6장

三國志 — 범을 잡으니 이리 떼가

이때부터 이각·곽사 무리는 어린 황제를 끼고 천하의 전면에 등장했다.

세상은 다시 우리 손안에 들어왔어.

관인은 사사로이 받을 수 없는 물건이오.

반드시 조정의 명이 있어야 하오.

조정의 명은 지엄하오.

지금 연주는 도적 떼의 노략질로 백성들의 피 울음이 사방에 넘치나이다.

이각과 곽사가 차지한 조정에서는…

아, 글쎄. 황건의 무리가 산동 일대를 휩쓸고 다닌대요.

수십만의 기세로 들불처럼 쓸고 다니고 있어요.

곽사

어떡하면 좋겠소?

이각

주준

오직 한 사람만이 황건적을 무찌를 수 있습니다.

그가 누구란 말이오?

산동에 있는 조조 말고 누가 있겠습니까?

오오!

제6장 범을 잡으니 이리 떼가 131

• **장자방** 유방(한 고조)을 도와 한나라를 세우는 데 힘을 보탰다. 조조가 순욱을 자신의 장자방이라고 부른 것은 황제인 한 고조에 자신을 투영한 것이다.

제7장

三國志

무도한 자, 그 빚을 돌려받네

장개는 원래 황건적이었다.

귀순 뒤에 짭짤한 대접을 못 받고 뒤치다꺼리나 하고 있어.

이보게. 비가 그칠 때까지 어디서 쉬어 가세.

예, 마침 가까운 곳에 절이 있습니다.

두목! 저들은 두 다리 뻗고 자는데, 빗속에서 이게 뭡니까?

수레가 백 대가 넘어. 끌러 봐라.

우악! 엄청난 보화다!

이거면 우리가 평생 떵떵거리고 살 수 있다!

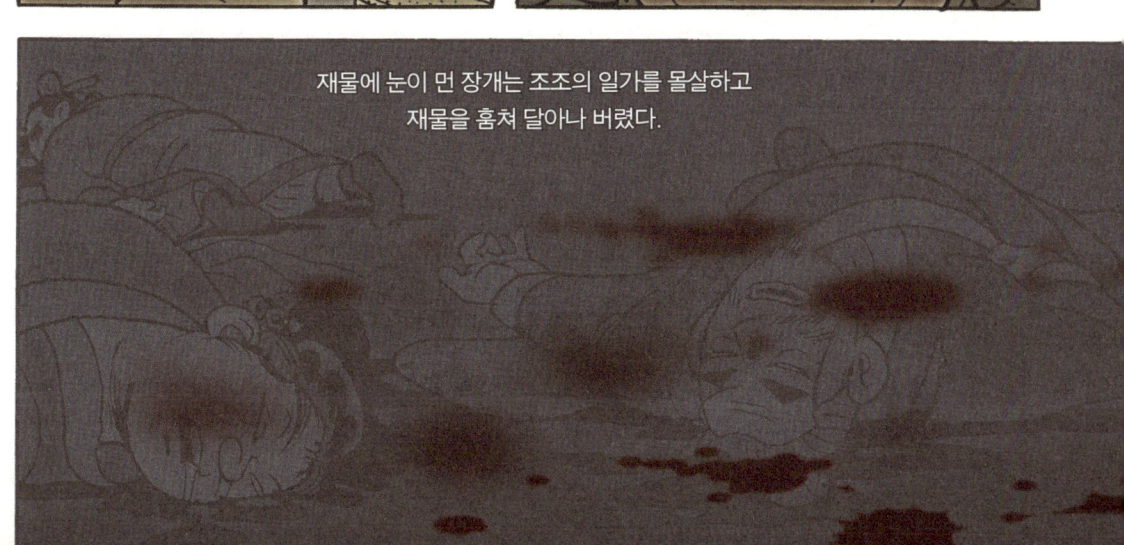

재물에 눈이 먼 장개는 조조의 일가를 몰살하고 재물을 훔쳐 달아나 버렸다.

제8장

三國志

조조는 산동을, 유비는 서주를

"연주는 천하의 요지입니다."

"그렇다."

"여포가 연주를 노리고 있지…."

"연주를 버리고 서주를 얻는 것은 큰 것을 버리고 작은 것을 얻는 꼴입니다."

"식량 때문이라면, 적은 수의 군사로 동쪽의 황건 잔당을 토벌하십시오. 도적들의 식량이 산더미처럼 쌓여 있다 합니다."

조조는 군사를 거느리고 황건 잔당을 치러 떠났다.

"순욱, 그대의 말이 맞소."

한편, 유비는…

"유비 님 덕에 살기가 편해졌네."

"나랏일 돌보시느라 뒷간에 갈 새도 없대요."

"서주를 주겠다는데도 마다하신 분이 아닌가?"

"유비 님께 자리를 물려준 도겸 님 덕이야."

"서주에서 태어난 게 복이야. 늘 지금만 같아라."

• **맹덕** 조조의 자.

제9장

三國志
― 맹수를 우리 안으로 끌어들이다

조조는 여포가 달아난 정도성을 포위했다.

여포가 싸움을 받아 주지 않자,
조조는 군사를 40리 밖으로 옮겨 진채를 세웠다.

■ 반동탁 연합군 근거지

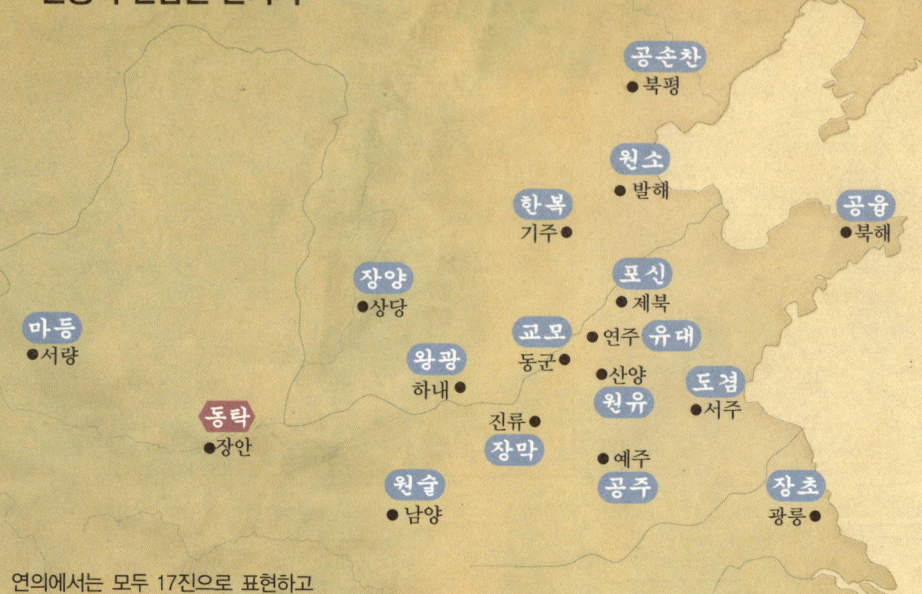

연의에서는 모두 17진으로 표현하고 있지만 실제로 이들이 모두 참여한 것은 아니다. 특히 공손찬의 경우는 유비 형제의 활약을 돋보이게 하기 위해 나관중이 의도적으로 넣었다는 의견이 많다.

연합군은 동탁 타도와 한의 부흥이라는 대의명분을 내세우며 동탁군을 압도했지만 전국옥새를 두고 손견과 원소가 갈등을 빚기도 하고, 동탁을 끝까지 쫓자는 조조의 의견에 원소가 의도적으로 반대하는 등 각자의 이해관계에 따라 행동하다가 끝내 결렬되고 말았다.

1진 남양 태수 원술	2진 기주 자사 한복	3진 예주 자사 공주	4진 연주 자사 유대	5진 하내 태수 왕광
6진 진류 태수 장막	7진 동군 태수 교모	8진 산양 태수 원유	9진 제북 상 포신	10진 북해 태수 공융
11진 광릉 태수 장초	12진 서주 자사 도겸	13진 서량 태수 마등	14진 북평 태수 공손찬	15진 상당 태수 장양
16진 장사 태수 손견	17진 발해 태수 원소			

■ 연표

190 조조가 군사를 일으키다.
동탁을 암살하려다 실패한 조조는 군사를 일으킨다.

반동탁 연합군이 결성되다.
동탁을 제거하려는 연합군이 결성된다. 이때 호응한 군벌을 17진이라 표현한다. 이 중 원소가 맹주의 자리에 오르지만 큰 지도력을 발휘하지는 못한다.

사수관 전투
연합군 선봉을 맡은 손견이 사수관에서 화웅을 공격한다. 손견의 부장 정보가 화웅의 부하 호진을 물리치면서 기세를 올린다. 그러나 군량이 떨어지면서 손견군은 위기에 처한다. 손견이 원술에게 도움을 청했으나 이해타산을 따진 원술이 응하지 않아 곤란을 겪게 된다.

관우가 화웅의 목을 베다.
유비·관우·장비는 공손찬의 휘하에 들어 반동탁 연합군에 가세한다. 동탁의 장수 화웅은 연합군 측의 장수들을 베면서 기세를 올린다. 관우가 나서려 하자 원술이 관우의 낮은 직책을 들어 모욕한다. 하지만 조조의 권유로 출전하게 되고 맹장 화웅을 베면서 큰 공을 세운다.

호뢰관 전투
연합군은 화웅을 꺾으면서 기세가 올라 호뢰관으로 진격하지만 여포의 위세에 눌리고 만다. 공손찬이 맞서 보지만 역부족, 이때 유비 삼 형제가 모두 나서면서 여포가 물러선다. 동탁은 이 싸움을 계기로 연합군의 세력이 만만찮음을 깨닫고 장안으로 천도할 생각을 품게 된다.

낙양으로 천도하다.
동탁은 낙양을 모조리 불태우는 만행을 저지르고 수도를 장안으로 옮기지만 군벌들은 동탁을 뒤쫓지 않는다. 분개한 조조만이 동탁을 치기 위해 일어나 형양에서 여포와 서영의 급습을 받고 궤멸 직전에 몰린다. 이때 조홍이 나타나 조조를 구출한다.

191 손견이 전국옥새를 얻다.
불에 타 버린 궁궐을 수습하던 손견은 우물 안에 버려져 있던 전국옥새를 얻지만 이 일로 원소와 갈등을 빚게 된다. 이 과정에서 손견은 유표와도 싸움을 벌인다.

반동탁 연합군이 해체되다.
군벌들이 각자의 이해관계로 흩어지면서 반동탁 연합군은 자연스럽게 해체되고 만다.

192 원소와 공손찬이 맞붙다.
원소는 공손찬을 꾀어 기주성을 손에 넣지만 공손찬을 배신한다. 이에 분노한 공손찬이 원소와 일전을 벌이나 원소의 장수 문추에게 밀려 위기를 맞는다.

유비가 공손찬을 구원하다.
위기에 빠진 공손찬을 구하기 위해 유비 형제가 달려온다. 이를 계기로 유비와 조자룡은 인연을 맺게 된다.

손견이 죽다.
전국옥새의 일로 유표와 사이가 틀어졌던 손견은 유표를 치기 위해 군사를 출정시키지만 계략에 빠져 전사하고 만다. 손견의 아들 손책은 원술에게 의탁한다.

여포가 동탁을 죽이다.
사도 왕윤은 자신의 가기 초선을 이용해 여포와 동탁의 사이를 갈라놓는다. 동탁에게 초선을 빼앗긴 여포는 동탁을 죽이고 만다.

이각과 곽사가 난을 일으키다.
동탁을 없앤 후, 왕윤은 동탁의 수하 이각과 곽사를 제거하기 위해 힘을 쏟지만, 모사 가후의 계책을 받은 이각과 곽사의 반격으로 죽고 만다.

조조가 황건적을 진압하다.
조조가 황건적을 진압한 후, 황건적 중에서 뛰어난 자들을 뽑아 청주병을 조직한다.

193 조숭이 죽다.

기반을 확립한 조조는 아버지 조숭을 모셔 오기로 한다. 이때 조숭 일행이 서주를 지나다가 도겸의 부하인 장개에게 죽고 만다. 이 일은 도겸과는 관련이 없었지만 이를 빌미로 조조는 서주를 침공한다.

서주 전투

도겸은 미축의 의견을 따라 북해의 공융과 청주의 전해에게 도움을 청한다. 이때 공융은 황건적에게 공격을 당하고 있었는데 태사자를 시켜 유비에게 구원을 요청한다. 유비는 공손찬에게 군사를 빌려 서주를 구원하러 나선다.

194 여포가 연주를 공격하다.

조조는 유비와 일전을 벌이려 하지만 여포가 자신의 근거지인 연주를 공격하자 물러나고 만다.

복양성 전투

조조는 복양성에서 여포와 일전을 벌이지만 여포의 모사가 된 진궁의 계략에 말려들어 위기에 빠졌다가 모면한다.

유비가 서주를 차지하다.

도겸이 죽은 후 유비는 서주를 차지하게 된다. 여포는 다시 조조와 싸우다 패한 후 유비에게 의탁한다.

이희재 **삼국지 2**
저마다 천하를 품다

1판 1쇄 발행일 2016년 8월 10일
1판 2쇄 발행일 2022년 4월 25일

글·그림 이희재
원작 나관중
만화 어시스트 오현 유지호(구성), 유병윤 금영훈 장모춘(데생), 고은미 지혜경(채색)

발행인 김학원
발행처 (주)휴머니스트출판그룹
출판등록 제313-2007-000007호(2007년 1월 5일)
주소 (03991) 서울시 마포구 동교로23길 76(연남동)
전화 02-335-4422 **팩스** 02-334-3427
저자·독자 서비스 humanist@humanistbooks.com
홈페이지 www.humanistbooks.com
유튜브 youtube.com/user/humanistma **포스트** post.naver.com/hmcv
페이스북 facebook.com/hmcv2001 **인스타그램** @humanist_insta

편집주간 황서현 **편집** 위석영 고홍준 이혜인 **디자인** 김태형 최우영 구현석 박인규
조판 이희수 com. **용지** 화인페이퍼 **인쇄** 삼조인쇄 **제본** 광현

ⓒ 이희재, 2016

ISBN 978-89-5862-149-2 07910
ISBN 979-89-5862-158-4(세트)

• 이 책은 저작권법에 따라 보호받는 저작물이므로 무단 전재와 무단 복제를 금합니다.
• 이 책의 전부 또는 일부를 이용하려면 반드시 저자와 (주)휴머니스트출판그룹의 동의를 받아야 합니다.